김도수 시집

진뫼 오리길

진뫼 오리길

인쇄 · 2025년 7월 10일 | 발행 · 2025년 7월 18일

지은이 · 김도수
펴낸이 · 한봉숙
펴낸곳 · 푸른사상사

주간 · 맹문재 | 편집 · 지순이, 김수란
등록 · 1999년 7월 8일 제2-2876호
주소 · 경기도 파주시 회동길 337-16(서패동 470-6) 푸른사상사
대표전화 · 031) 955-9111(2) | 팩스 · 031) 955-9114
이메일 · prun21c@hanmail.net
홈페이지 · http://www.prun21c.com

ⓒ 김도수, 2025

ISBN 979-11-308-2297-6　03810
값 12,000원

- 저자와의 합의에 의해 인지는 생략합니다.
- 이 도서의 전부 또는 일부 내용을 재사용하려면 사전에 저작권자와 푸른사상사의 서면에 의한 동의를 받아야 합니다.
- 이 도서의 표지와 본문 레이아웃 디자인에 대한 권리는 푸른사상사에 있습니다.

이 도서는 전북특별자치도 문화예술육성지원사업 후원으로 발간되었습니다.

진뫼 오리길

김도수 시집

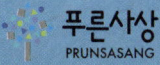

| 시인의 말 |

   부모 형제, 마을 사람들, 고향 산천을 잘 만나 행복이란 단어를 늘 가슴에 품고 살 수 있었다.
   감당할 수 없을 만큼 자식들에게 많은 정을 주고 가신 부모님. 그 정을 그대로 물려받은 일곱 형제가 있었기에 오늘의 내가 있다.
   가슴에 붙어 떨어져 나가지 않은 유년 시절 기억의 편린들, 아무리 떼어내려 해도 떨어져 나가지 않았다. 종이에 새겨야 하는 수술이 필요했다.
   그러나 오늘 밤부터 꿈속에서 고향 찾아가는 길 헤맬까 봐 두렵다.
   김도수란 남편을 만나 시도 때도 없이 고향 집을 들락거리느라 애쓴 아내 박은자 님! 아내 덕에 고향 집도 살 수 있었고, 향수병도 사라질 수 있게 해줘 고마워요.

| 시인의 말 |

  유년 시절 기억은 오직 '진뫼마을밖에는 없다'라는 딸 가애, 아들 민성이도 아빠 따라다니느라 애썼다. 둘 다 초등학교 교사가 된 지금, 시골서 배운 자연의 힘, 맘껏 발휘하니 좋단다. 아빠는 새끼들에게 고향을 물려주어 너무 행복하단다.

2025년
진뫼마을에서, 김도수

| 차례 |

■ 시인의 말

제1부

물수제비	13
등 베개	14
마당에 내려앉은 달	15
봄이 오는 섬진강	16
논두렁길에서	18
봄이여	19
왜 손을 밀쳤을까	20
이장	22
외양간	23
찔레꽃	24
산그림자	26
너를 잊으려 해도	28
채석강	30
천렵	32
강마을	34
복숭아 두 개	36

보름달	38
물색없이	39
병상까지 따라온 풀	40
고향 집	42

제2부

방바닥에 쓰는 반성문	45
졸지 마라	46
배추밭에 나뒹굴고 싶다	48
하굣길	49
어머니의 혀	50
자전거	51
밤마다 꿈속에서	52
추석날	53
빈손	54
보따리	56
숨소리	58

| 차례 |

몰무동 길	59
일곱 되지기	60
밥터	62
진뫼병	63
빡빡머리 이발	64
오일장	66
양심	68
기둥	70

제3부

손깍지	73
아내의 면도	74
구조 조정	76
이사	77
초승달	78
그대가 되고 싶다	79
맘 공부	80
하루살이	82

강을 건너온 슬픔	83
고목	84
민들레꽃	85
시는 어떻게 써요	86
엄마	87
이별	88
애타는 사랑	89
병실에서	90
흙 칠판	92
햇살 꽃	93
바람아 멈춰라	94
끈	96
들깨 이식	97

■ 작품 해설 '너'였으나 '나'인 세계-문신   99

제1부

물수제비

아지랑이 손에 잡히는 봄
떠나간 그대 그리워

강가에 나가
통 통 통
물수제비 띄워 보낸다

새벽까지

명치끝에

잔물결만

출렁출렁

등 베개

어머니 등에 업혀

등짝에 귀 대고 있으면

산사의 범종 소리

산골짜기 타고 내려와

살금살금 강 건너와

피안의 둥지 속

곤히 잠들게 해주던

내 유년의 등 베개

마당에 내려앉은 달

피사리하러 나간 아버지
해가 뉘엿거리자
바지게 한가득 베어온 꼴
마당 가운데 부려놓는다

좌로 탁, 우로 탁
쇠파리 쫓던 소가
슬그머니 꼬리를 내리며
입안 가득 꼴을 물고
샤각샤각 샤그르르 꿀꺽
소금기 흐르는 아버지 등 핥고 있다

앞산 산등성에 두둥실 떠오른 보름달
마당에 내려와 소 등에 올라타고
입안에 희끄무레한 달빛 쏟아주는

우두둑우두둑
꼴 씹히는
칠월 하루가 가고 있다

봄이 오는 섬진강

밤새 어둠을 뚫고
산 보듬고 돌고 돌아
골골샅샅 땅심 키우며
뭇 생명들 목을 축이고
남도 오백 리 굽이진 산길 들길
더듬더듬 돌아 흐르는 섬진강 강가에 서서
밤 열차 타고 서울로 돈 벌러 간 누이의
서러운 발걸음 소리 듣는다

바위에 가슴을 치며 멍이 드는 강물 바라보며
가슴께 얹혀 내려가지 않은 그리움 불러내
꺼이꺼이 목울음 삼키며
누이의 달구똥 같은 눈물 받아 흐느껴 흐르는
순정의 강에 발을 담그고 눈과 귀를 씻는다

겨울잠에서 깨어나 눈을 뜨는 정자나무에 기대어
서울로 돈 벌러 가는 누이 어깨 붙들었던
벼락바위 지나 몰무동 길

소금기 밴 얼룩진 치맛자락 걷어 올리며 눈물 닦던
구릿빛 어머니 얼굴 떠올라
열세 살 단발머리 누이의 그렁그렁한 얼굴 그리워
오금 풀린 두 다리 꼿꼿이 세우고
눈물 콧물 훔친 손 강물에 씻는다

굴뚝 연기 피어오르며 아침밥 짓는 마을마다
기침 소리 나는 집집이 안부를 물으며
세상 허물 씻어 나르는 강물에 나도 안부를 묻는

살구꽃 복사꽃 강물에 어리는
봄날 하루가
누이 걸음처럼 더디게 가는구나

논두렁길에서

풀잎에 대롱대롱 매달린 이슬방울
해가 뜨면 언제 매달려 있었냐는 듯
허공에 흔적도 없이 사라지더라

오월을 찬양하는 새순도
갈 때를 알고 붉게 물든 단풍잎도
그저 해가 뜨고 지는 일 앞에서는
아무것도 아닌 하룻밤이고 하루더라

무상한 세월이여
우리네 삶이 얼마나 순간 빛나며
소리 없이 후다닥 지나가는지
벼 쓰다듬으러 가는 논두렁길에서
오색영롱한 이슬방울 보고 알았다

봄이여

겨우내 야위어 흐르던 강이
봄비에 불어난 강물 데리고 와
징검다리 살살 건드리며

어이, 봄이여 봄
인자 봄이랑게

삽 들고 논에 가는 아버지
호미 들고 밭에 가는 어머니
바짓가랑이 잡아당기며
강물이 말 걸어오는

인자 참말로 봄이랑게

왜 손을 밀쳤을까

밖에서 죽었다 하여 집에 들어오지 못하고
마을회관 방송실에 누워 별 끌어들인 날
마당에 솟은 풀들도 납작 쓰러져 누웠다

아침부터 푹푹 찌는 한여름
상급배미 논 아래 미루나무 언덕
마을 사람들 호미 괭이 던져버리고
덩더꿍 덩더꿍
신기 달라붙은 장구 번갈아 두들기며
미루나무 잎도 덩달아 춤추며 천렵 즐기던 날
다리 풀린 어머니 술기운에 누워 선잠이 들었다

애교 부리며 쭈글쭈글한 젖 만지려
뒤에서 껴안고 달려든 스물다섯 아들
그만 만지라 손 뿌리치며 떼어놓는데
황급히 깨우는 소리에 벌떡 일어나
이십 리 길 맨발로 허둥지둥 달려가 보니

젖 만지게 놔둘 걸 왜 손을 밀쳤을까
그게 마지막 이별이 될 줄이야

방바닥 내려치며 식어가는 아들 가슴에 품고
못다 한 공부 하늘나라에 가서 하거라
관 속에 책 빼곡히 넣어주고
마을 사람들 어깨 올라타고 강을 건너던 형

이십구 년 만에 선산 부모님 곁으로 가기 위해
삼 학년 학군단 마크 선연히 달고 일어나
나일론 양말 벗어버리고 강을 건너오고 있다

이장

몽우리 맺힌 진달래
선산에 봄 불을 질러대는 날

강 건너 대숲밭에 홀로 누워 있던 형
어깨 감싸주던 흙 탈탈 털고 일어나
이십구 년 만에 선산 부모님 곁으로 온다

맨발로 섬진강 흰 물살 가르며
읽다 덮어둔 책 손에 들고
성큼성큼 걸어서 온다

연두 이불 펴고 어머니 찾아가
오늘 밤 내내
녹아버린 젖 찾고 있으리라

외양간

현호네 할아버지
쇠죽 쑤려
땔나무 해다 놓고
떠나간 지 삼십 년

소 누워 있던 외양간
땔나무만 가득 쌓여
푸석푸석 썩어가고

구유 속에 들어앉은
귀뚜라미 한 마리
문짝 떨어져 나간
쇠죽 방에 대고
밤새 울어대 쌓네

찔레꽃

초등학교 졸업하던 해
서울로 이사 간 향자 조카

선산 어버이 무덤 옆에 핀
찔레꽃 한 그루
서울 집 마당에 옮겨 심고

새순 돋는 봄이면
어버이날 동그라미 쳐놓고
선산 가는 날 손꼽아 기다린다

다녀가고 나면
그리움만 더 쌓여
애달픈 마음만 더 깊어져

찔레꽃 환하게 피면
어버이 사진 앞에 꽂아두고
보고 싶은 맘 그리운 맘

꽃향기 속에 담아
남으로 남으로
훌훌 날려 보내고 있다

산그림자

 높이가 낮아 산 이름 가지지 못해 그냥 뒷산이라 불리는 그 아래 칠십 년을 버티고 있는 집. 산그늘 용마루에 내려앉아 한참 노닐더니 어느새 마당으로 내려와 두엄자리에 누워 별밤 바라보며 되새김질하던 황소 등 올라타고 꼬리 밟으며 낮달 바라보고 있다. 늦가을 뽕나무 가지 위에 닭의어리 얹어놓고 그 안에 먹감 따서 넣어놓은 땡땡 언 홍시 겨우내 꺼내 먹으려 뻔질나게 밟아대던 돌담을 지나, 진뫼 들어오는 오리길 내내 머리 쭈뼛쭈뼛 어두운 밤길 걸어와 불빛 새어 나오는 방문 바라보며 어머니 크게 외치는 소리에 돌 틈에 낀 사금파리 툭 떨어지던 돌담을 지나, 마을회관 현관에 놓인 햇볕 굶주린 신발 대여섯 켤레 신발코 핥으며 얼쩡거리며 놀다, 빛바랜 고추 몇 개 매달려 달랑달랑 사내 노릇 흉내 내다 그만 살랑대는 바람에 뚝 떨어진 고추밭을 지나, 뽕나무 아래 잎줄기 땅에 깔고 벌러덩 누워 잠자고 있는 냉이 일으켜 세우고 있다. 대나무로 만든 낚싯대 들고 강변으로 달려온 코흘리개 아이들 낚싯밥에 쫓겨 알집 움켜쥐고 달아나던 물거미 몸 숨겨주던 풀숲을 지나, 어디쯤 가는 걸까 지나온 발자국 강물에 실어 보내며 뒤돌아보는 징검다리. 아버지 후들후들 떨던 다리 붙잡고 나뭇짐 지탱해주던 징검돌 지나, 앞산 능선 밟고 누워 한숨 때리다 어둠 몰고 온 검은 바람 한 줌 쥐고 하늘로 달아나는 산 그림자. 멍하니 바라보다 발등에 고인 밥 냄새 안고 집으로 돌아오고 있다.

너를 잊으려 해도

너를 잊으려 해도 잊을 수 없어
하루도 쉬지 않고 일에 몰두했지
땀 흘리는 동안만은 잊어버리니
손에서 호미와 낫 놓지 못하고

숨 막혀 주저앉아 있는 날이면
대숲밭에 잠든 네 얼굴 떠올라
쭈그러진 가슴 열어젖히고 있었지

너 가고 난 뒤 숨이 막혀 담배를 배웠지
담배 한 대 물고 있으면 답답한 가슴 뻥 뚫려
논두렁에 앉아 담뱃불 붙여놓고
멍하니 하늘 바라보다
그만 손가락 데는 날이면
가슴에 박힌 못 빼내려 논두렁 마구 쳐댔지

강 건너 홀로 떨어져 자는 너를 생각하면
펴던 이불을 접고 강가에 나가

강 건너오는 네 모습 얼마나 기다렸는지
기울어가는 달도 구름에 가려지더라

아버지도 선산 내 옆에 와 누워
달 뜨는 밤이면 둘이 손잡고
날마다 강 건너 대숲 바라보며
달님께서 혹여 네 손 잡고 오는지
달이 기울어 사라질 때까지
너를 기다렸지

채석강

관광버스 한 대 불러 서울에서 출발해 군산을 지나
옹졸한 가슴 툭툭 건드리는 비응항을 지나
정치가 깽판을 쳐서 백합이 죽어 나가고
저어새가 쫓겨난 새만금 간척지 수라 갯벌 위로
떵떵거리며 지나간다

사십 평 콘도 하나에 이십여 명 동창생들 짐을 푼 후
해 지는 노을 보려 우르르 몰려나와 노을빛 눈 속에 넣는데
사 학년 때 학교 그만두고 구로공단으로 떠난 일순이가
오 학년 때 아버지 여의고 전주로 식모살이 간 말자가
육 학년 때 어머니 여의고 인천 공장에 취직한 화자가
누가 먼저랄 것도 없이 채석강 가리킨다

바위도 공부히서 저리 차곡차곡 책을 쌓아놓았는디
우린 돈 벌러 가는 바람에 빛나는 졸업장도 못 받고
초등학교 동창회가 유일하게 참석하는 모임인디
해필이면 누가 채석강 옆으로 장소를 잡았는가 모르겄다

채석강 앞에 나란히 서서
밀려오며 글을 써대는 파도에 몸을 비비며
노을 속에 얼굴을 묻고 있다

천렵

보리 이삭 부풀어 오를 즈음이면
괭이 삽 호맹이 던져불고
장구 메고 천렵 가는
진뫼마을 어메 아부지들

상급배미 언덕 미루나무 아래
덩더꿍 덩더꿍
장구 두드리며
손에 손 잡고
원 그려 빙빙 돌며

흘러간 옛 노래 목청껏 부르며
손 흔들어 만세 부르고
갈퀴 같은 손가락 펴서 하늘에 찔러대고

엉덩이 흔들며 뒤뚱뒤뚱
발 앞뒤로 왔다 갔다
어깨 들썩들썩

손뼉 나긋나긋 쳐가며
시름 잊고 추는 뒤뚱 춤

정규 아재
댕민 아짐
둥개둥개
덩실덩실
뒤뚱 춤 끝나기도 전
보리 다 패불겄소

강마을

산 굽이굽이 돌아가니
강과 마을과 산이
그만그만하게 자리를 잡고

비탈진 곳에 밭을 일구고
반반한 곳에 논을 만들어
새끼들과 오손도손
사람들과 어우렁더우렁
시끌벅적 살았던 마을

가슴속에 담아두고 싶어
어둠을 뚫고 천릿길 달려가
강가에 서서 껌벅껌벅
눈 사진기 눌러대는데

겨울잠 자던 물고기 놀라
살얼음 잡힌 강가로 뛰쳐나오다
머리를 찧어 멍이 드는

강물이 아침을 깨우는 마을

느티나무 언덕 바위 의자에 앉아
흘러가는 강물 소리 듣고 있으니
빼꼼히 앞산에 얼굴 내민 햇살에
눈꺼풀 경련을 일으키고 있다

복숭아 두 개

계시오, 나 정호네 어메여

음마, 이 밤중에 우리 집엔 웬일이다요

추석에 미너리가 갖꽜는디
많이는 못 준게 그리 알아

지난 주말 오는지 알고 기다렸는디 안 오고
물렁해지면 맛이 없어 어떡허나 애가 타 혼났어
쬐께라서 암도 못 줬응게 마을에 소문내지 말고
각시랑 조용히 둘만 묵어야 혀

입안 가득 고인
사람 사는 정, 꿀꺽거리며
대문 따라나서는데
왼쪽 다리가 절룩절룩

희멀겋게 물안개 낀 가로등 아래로

둥근 지구 껴안으며
더듬더듬 집으로 돌아가고 있다

보름달

윤칠월 보름날 저녁
아내와 다슬기 잡으러 갔다

다슬기는 아니 잡고
강물에 누운 보름달
서로 먼저 안아보려
첨벙첨벙

쫓고 쫓기다
밤 깊었다

물색없이

흘러가는 강물에 아무런 색깔도 없이
무단시 얼굴 비치며 살지는 말자

입에서 나오는 말
생각 없이 지껄이며
얇실하니 비닐만 벗기며
속살 들여다볼 줄도 모르는
헛소리나 하는 삶이라면
물색없이 까불며 사는 것이니

세상 올곧게 살려거든
삼시 세끼 밥 먹듯이
강물에 얼굴 비춰보며
물색 있게 살 일이다

병상까지 따라온 풀

아들아!
병원에 누워
뒤란 밭에 심어놓고 온 고추
잡초에 치여 있을 거 생각하니
내 몸이 더 아프다

누워만 있으니 병상 주위가 점점
온갖 풀들로 넘쳐나고
온몸을 감싸오는 것 같다

딱, 하루만 집에서 자고 오면
병이 금방 나아버릴 것 같으니
의사에게 외박 좀 허락 받아주라

고추밭에 풀 깨끗이 매고 오니
이제야 숨 좀 쉬고 살 것 같다며
퇴원해도 될 거 같다더니

빠알간 고추 익기도 전
어머니,
호미 들고 살던 선산 밭으로
영영 가시고 말았다

고향 집

첫울음 터트리며
볏짚 위에 탯줄 자른 방

문고리 잡고 방문 열면
천국의 웃음소리 들려와

네 기둥 뽈깡 뽑아
하늘나라로 들고 가
계속 살고 싶은 집

제2부

방바닥에 쓰는 반성문

방학 동안 뛰놀기만 하고
책 한번 펼쳐보지 않았다

제발, 공부 좀 허거라
공부히서 넘 주냐

땔나무하고 돌아와
밤마다 윗목에 앉아
허기처럼 꾹꾹 찔러대는
박힌 가시 빼내던 어머니

팔려버린 고향 집 사서 돌아온
귀밑머리 하얀 마흔둘 막둥이
방바닥에 손가락으로 반성문 쓰고 있다

가시 같은 자식이었을까
고름 같은 아들이었을까

졸지 마라

뒷산이 꾸벅꾸벅 졸면
앞산에 이마를 찧어
멍이 드는 곳이니

마루에 앉아 졸지 마라
앞산에 머리 찧는다

날이 새면 벌떡 일어나
논밭에 나가 일하고
하루해가 지면
이불 덮고 눕는

여긴 사방이 산만 보이는
논밭 일굴 반반한 땅 한 곳 없는
졸면 머리가 바로 산에 닿는
두메산골 강변마을이란다

텅 빈 마루에 어스름 내리자

바람결에 이리저리 몰려다니던 먼지들
귀퉁이에 모여 고요 속에 잠기고 있다

배추밭에 나뒹굴고 싶다

김장하려 텃밭에 키운
탐스럽게 자란 배추
지나치지 못하고 바라보고 있으면

함박눈 내리는 날
장독대에서 김장하던 어메가
어깨 둘러멘 책보자기
마루에 던지기도 전
아나, 싱건가 짠가 맛 좀 봐봐라
한 가닥 쭉 찢어 입에 넣어주던

구릿빛 얼굴 떠올라
매콤 알싸한 손맛 생각나
배추밭에 들어가 나뒹굴고 싶다

하굣길

복지께 덮어

아랫목 이불 속에 넣어둔

윤기 좌르르 흐르는 흰쌀밥 생각나

엎어져 무릎에 피가 나도

손 탈탈 털고 일어나

바지 내려가는 줄 모르고

신나게 달리던

진뫼 오리길

어머니의 혀

메주콩 베고 일어서는데
회오리바람 타고
눈 속으로 훅 들어온 먼지

아이고메, 미쳐불겄네
몸 비틀며 비명 질러대자

낫 놓고 달려온 어머니
감긴 눈 억지로 벌리더니
혀끝으로 살살
눈동자 핥고 있다

눈을 빙글빙글 돌려봐
달라붙어 나와불게

바람이 몰고 온 세파에 찌든 때
혀끝으로 말갛게 지져 녹이는
명치끝에 찌릿찌릿 전해져오는
어머니 개안의 사랑줄

자전거

일요일 오후가 되면
오른쪽 어깨엔 쌀자루 메고
왼손엔 김치통 들고

끙끙거리며
이마에 땀 훔치며 걷던
진뫼 오리길

두 바퀴로 굴러가는
자전거 그리워
어른이 되면 가장 먼저
자전거 사서 짐 싣고
바람 가르며 달리고 싶던 길

반평생도 더 지난 그 길을
빈손으로 걷는데
길도 낡아서 걸음도 비틀거린다

밤마다 꿈속에서

철도청 직원 뽑는다는 신문을 보고

쌀 한 말 팔고 한 말은 포대에 담고

돌나물 뜯어 고추장 단지 들고

구로동 산비탈 사촌 형 자췻집 찾아가

두 달간 열심히 공부했지만

입사 시험에 떨어지는 바람에

맥없이 쌀만 없애고 온 놈이라고

아버지께 몇 달은 들들 볶일 생각에

서울에서 한동안 내려오지 못하고

밤마다 꿈속에서 걸었던

진뫼 오리길

추석날

추석날 새벽 어슴푸레
잠에서 깨어나고 있는데

옆집 마당에 들려오는
엄마아, 엄마아

서울로 돈 벌러 간
열다섯 오숙이가
새벽 열차 타고 내려와

울렁거린 서러움 폭발해
벌렁거린 그리움 폭발해
방 문짝 흔들어대며
엄마 가슴팍 파고드는 소리

고요한 새벽
돌담 무너져 내리며
우리 집 방문까지 흔들어대는 소리

빈손

육성회비 못 내고
학교에서 쫓겨와
다시 빈손으로 가는 길

등짝에 지게 하나 맞춰줘불먼
어메도 핀헐 턴디, 라며
어린 맘에도 어메가 짠히서
눈물 콧물 다 쏟으며
서러움에 복받쳐 울다 다리 풀려
그 자리에 주저앉아 펑펑 울고 가던 길

질컥거린 황토 신발에 달라붙어
가지 말라 붙들어도 탈탈 털어내며
옭아맨 세상 속으로 뚜벅뚜벅 걸어 나와
부딪치고 깨지다 다시 빈손으로 돌아가는 길

황토 털어낸 자리 서성이며
꾹꾹 밟아보는

꿈속에서 수만 번도 더 걸었던
내 모습 사라지는 그날까지
평생 사랑하며 걸을
진뫼 오리길

보따리

추수 끝난 가을 끝머리
고향 다니러 온 큰형님
집 떠나는 날이면

어머니는 머리에
나는 바지게에

쌀 조께, 콩 조께
깨 조께, 고추 조께
조마니 조마니 싸서
이고 지고
버스정류장 나가는 길

막둥이 너까지 여우고
가실 끝나먼 요로케
조마니 조마니 싸서
이어다 주고 죽을랑가 모르겄다

두 해 이어다 주고
몰무동 길에 볼 수 없었던 어머니

고향 집 남의 손에 넘어간 지 십이 년
다시 사서 주말마다 아내 자식 앞세우고
밭농사 지어 밥상에 올리고 산다

꼭 저그 어메가 농사짓고 산 것맹키로
뭐설 그리도 조마니 조마니
싸들고 댕긴지 모르겄어

마을 어메들 정자에 앉아
도란도란 내 보따리 풀어 헤치고 있다

숨소리

새벽 출근길
코끝에 고드름 달릴 거 같이
매섭게 휘몰아치는 눈바람

구들장 식어버린 새벽녘
솜이불 한 채 서로 끌어당기며
모로 누워 잠을 자던 일곱 자식

새근거리며 자는 아들 콧바람에
어깨 시리다며 뒤돌아 눕던 어머니

곤히 잠든 숨소리 듣고 싶어
따스한 가슴 파고들고 싶어
발길 돌려 내달리고 싶은
진뫼 오리길

몰무동 길

주말이면 떨어진 쌀과 반찬 가지러 와
다시 읍내로 나가야 하는 새끼들

지폐 한 장 가진 게 없어
차비 구하러 다니느라
마을 맨 윗집 한수 형님네 집부터
끝 집 윤환이 형네 집까지
허덕거리며
돈 빌리려 다니던 어머니

동구 밖 몰무동 길까지 따라와
달랑 오고 갈 차비만 손에 쥐여주어
발걸음 떨어지지 않아
손 흔들고 돌아서며 눈물짓던

어머니 발걸음 멈춘 자리 주저앉아
떨어지던 눈물 받아 마시고 있는데
발끝에 제비꽃 한 송이 피어나고 있다

일곱 되지기

일곱 되지기 모내기하는 날
라면이 모자라 국수 더 넣고
두 배로 불려 삶아
이고 들고 온 샛거리

삯꾼 구할 수 없어
오늘 못다 심으면 농사 망친다
발 동동 구르며
넘치게 퍼준 라면 한 그릇

따뜻한 국물 속으로
후드득후드득
떨어지는 빗방울
받아 마시며
후루룩후루룩

끊어질 듯 아픈 허리 달래려
덥석 받아 연거푸 마시는 막걸리

술잔 속으로 뛰어드는 빗방울

퍼진 라면에 늘어진 국수
꿀꺽꿀꺽 후루룩후루룩
소리 들려오던 일곱 되지기 논두렁

삘기에 몸 기댄 자운영 꽃
올봄도 봄바람에 졸고 있다

밥티

가을걷이 끝내고
하늘나라로 떠난 어머니
정적 감도는 부엌에 들어가
아궁이에 불 지펴 아침밥 지었다

뒤란 땅속에 묻어둔
김치 한 포기 꺼내와
아버지와 밥 먹는데

너, 턱 빠졌냐
밥티 들기지 말고 묵거라

밥티 속에 너그 어메
피땀 들어 있어

진뫼병

또 진뫼 꿈이야?
그놈의 진뫼병
걸려도 아주 단단히 걸려부렀고만

뭔 사람이 꿈만 꾸었다 허면
밤새 고향 마을 여기저기 쏘다니며
맛나게 웃다가 슬프게 울다가
새복에 벌떡 일어나 저리 허둥댐선
한숨을 푹푹 내쉬는가 모르겄어

의학 사전 목록에도 없는 병 걸렸으니
치유하는 방법은 단 하나

팔려버린 고향 집 사서
세 평짜리 안방 구들장에 눕혀
눈 때 묻은 서까래 바라보도록
입원시키는 일이다

빡빡머리 이발

어릴 때 머리 깎아주던 이발 기계
이번 면회 올 때 가지고 와주세요

부대에는 이발 기계가 없냐?
아니요, 있어요
근디, 왜?
아빠가 머리 깎아주면 좋을 거 같아서요

자대 배치받고 첫 면회 가던 날 저녁
모텔 샤워장에 컴퓨터용 의자 옮겨놓고
초등학교 때 사용한 이발 기계 꺼내 들고
나일론 보자기 씌워 빡빡머리 이발을 한다

아빠 이발 솜씨는 여전하네요

얼굴까지 날아와 붙은 머리카락 탈탈 털며
이발 끝난 아들 물끄러미 바라보니
아빠 숨결 가까이 듣고 싶었나 보다

쓰다듬던 손길 그리웠나 보다

곤히 잠든 막둥이 아들 더 자라고
쇠죽 끓여놓은 뒤 아궁이 앞에 앉혀놓고
빡빡머리 이발해주던 아버지 숨소리
영천 땅 모텔 샤워장에서 시근시근 들려왔다

오일장

싱싱한 쌩갈치 떨이로 몽땅
새끼줄 묶인 채로 팝니다
그렁게 묻지도 따지지도 말고
바닥나기 전에 얼른들 사 갔쇼

진짜로 쌩갈치가 맞냐
혹시 소금에 절인 쌩갈치가 아니냐
꼬장꼬장 따질라먼
내 앞에 얼쩡거리지 맛쇼

차꼬 꼬장꼬장 따져 싸먼
돌아온 장에는 절대 안 가꽈불랑게
망설이지 말고 어서들 사 갔쇼

보자기에 고사리 서너 근 싸 들고
오일장에 가신 아부지
비틀비틀 마당에 들어선다

배창시 튀어나올 듯 말 듯
맛 갈똥말똥 한 소금에 절인 갈치
마루에 누워 파리 떼 부르고 있다

양심

강변에 새싹 돋기 시작하자
공무원 공무원
노래 부르던 아버지 소원대로
큰아들 마을에서 처음으로
경찰 공무원 되어 집 떠나던 날

너 돈 묵다가 모가지 달아나믄
얼굴 두르고 내가 어치게 살겄냐
그날부로 농약 입에 탁 털어 넣고
딱, 눈감아불랑게 그리 알거라

삼남 일녀 홀로 키우며 가장 노릇을 하는
대로변 불법 포장마차 하는 아주머니
내일 의경들 단속 나오니 그리 아세요
슬쩍 흘려주고 가는

삼십일 년 사 개월 재직하는 동안
정보 흘려주는 죄 몇 번 있었다고

정년퇴직하는 날
아버지 산소에 무릎 꿇고 고하였다

기둥

비탈진 앞산에 서 있는 푸른 소나무
우리 집 기둥으로 붙들려 와
일곱 자식 도란거린 소리 들으며 살았다

날개 돋은 자식들 하나둘 둥지 떠나고
어머니도 떠나버려 홀로 남은 아버지
대두병 소주 비워대는 모습 지켜보았다

곡괭이로 방장 파버린다 울부짖을 때
붉은 갑옷 벗어 던진 소나무 어깨 내어주며
비틀거린 아버지 붙들고 함께 울어주던

남에게 팔려버린 고향 집
주인 몰래 찾아와 썩어가는 밑기둥 붙들고
함께 엉엉 울어대는 날 있었다

제3부

손깍지

눈 뜰까 말까
몽롱한 새벽녘

손가락 사이로 들어오는
아내의 다섯 손가락

가슴께로 가만히 끌어당겨
슬며시 올려놓더니
나, 버리지 마아

세상 서툴게 사는 내게
뜬금없이 버리지 말라니

손깍지 낀 새벽
별은 차갑게 식어가는데
이마가 뜨겁다

아내의 면도

아파트 상가에 새로 문을 연 금광이발소
이발하러 가는 길에 함께 따라온 아내가
이발사 아저씨께 면도기 하나 사달라 조른다

날을 꼬박 새워 숙직하는 날이면
핏발 선 눈으로 파김치가 되어 퇴근한 나를
방바닥에 눕혀놓고
뜨거운 수건으로 서너 번 얼굴 덮어
살결 부드럽게 한 다음 조심스레 면도한다

작성된 품의서가 공중에 떠서
책상 위에 흩어지는
삶이 자주 상처 입던 날들

베인 거 같은디 얼굴에 피 나제?

이발사 부인이 알려주는 대로 배워서 허는디
왜 면도기가 제대로 말을 안 듣는다제?

숙직 서고 오는 날 아침이면
뻣뻣한 수염을 어루만지며
손잡이가 기다랗게 생긴 면도기를 들고
붓으로 비눗물 발라가며 수염 쓱쓱 밀어주는

오이 크림 얼굴에 듬뿍 발라줄 즈음이면
어느새 곯아떨어져
얼굴에 붉은 별이
대낮부터 반짝이던 금광아파트 1104호

구조 조정

책상 속에 든 자료
옷장 속에 든 물품
찢고 버리고 챙기고

입사 축하한다고 누이가 사준
치약 칫솔 넣은 붉은 파우치 백
삼십이 년 만에 들고
사무실 나오는데

무뎌진 호미 날에
일곱 자식 밥그릇
예순여섯까지 어머니 손에
매달려 있었다는 걸
그제서야 알았다

이사

짐 싸서 거실에 내놓고
뚫린 못 자국만 보이는 안방에
아내와 나란히 누웠다

딸 업고 아들 안고
이사 들어오던 날 생각나제, 잉
우리 여기서 잘 살고 가네, 잉
글제, 잉

말소리가 말소리를 업고
울림이 울림을 데리고
방 구석구석 나는

새끼들 키우고
퇴직해 떠나가는 집

잉, 잉
안방이 울고 있다

초승달

허기져 배가 쑥 들어간 달이
배고픈 지상의 뭇 생명들
홀쭉한 배 위에 올려놓고
밤새 잠이 들었다

그대가 되고 싶다

만나면 무슨 말부터 할까
만나기도 전부터
입꼬리 올라가게 만든 그대

앉으면 일어서기 싫고
일어서면 가기 싫고
멀어지면 한참 뒤돌아보는

천장까지 따라온 얼굴
금세 또 보고 싶어
이름 되뇌어보는
나도 그대가 되고 싶다

맘 공부

공부 잘허는 게 먼저가 아니다
착허게 올바르게 사는
맘 공부부터 먼저 허거라

다 그런 건 아니지만
공부 잘헌 놈치고
출세헌 놈치고
돈독 안 오른 놈 없더라

외국으로 공부허로 가서
거그서 눌러앉아 부모는 뒷전이고
나빤데기 한번 안 보이더니
나중에 봉게 뫼똥으로 찾아오더라

고개 돌려 돈 세는 일 배우지 말고
머리 굴려 재산 불리는 일 배우지 말고
눈치 굴려 남의 등쳐먹는 인간 되지 말고
이 눈치 저 눈치 부동산 뻥튀기하려 들지 말고

돈세탁하여 세금 포탈 궁리헐 생각 말고
서로 노나 묵고 베풀고 사는 맘 공부가 먼저다

공부는 꼬랑지서 달랑거려도 암시랑토 안 허다
공부 잘해 권력 쥐고 높은 자리 앉아 있응게
쥐새끼맹키로 여기저기 구멍 파 먹잇감 감춰놓고
돈 훔치는 재주만 늘더라
앞에서 웃고 뒤에서 배신 때리는
못된 짓거리만 허더라

땅 파서 먹고사는 이 어메
사기 친 흙 한번 못 봤으니
거짓이 진실 이기는 거 못 봤으니
맘 공부부터 먼저 허거라

하루살이

응달진 뒤란 마루에 앉아
창공을 향해 날아가는
하루살이 떼 바라보고 있다

하루를 살아도
허공에 길을 내며
날갯죽지에 꿈 보따리 껴안고
미지의 세계로 날아가는

그거참
하루
잘
살다
간다고

떼 지어
춤을
추고
가네

강을 건너온 슬픔

등 따숩게 햇볕 내리쬐는 날
그대가 업고 강을 건너온 슬픔이
세상 길 끝으로 걸어갈 때

심장 짓누른 이별의 슬픔을
처진 어깨에 둘러메고
나도 깐닥깐닥 뒤따라가고

이별이 슬픔을 안고
슬픔이 슬픔을 업고

해 지는 노을 따라
건너온 강을
다시 건너고 있다

고목

마을이 형성되며 심었다는
사백 년 넘은 뒷산 느티나무

시커멓게 썩은 갈비뼈 사이로
소쩍새 한 마리 들어앉아
마을 떠나간 사람들 그리워하며
밤새 울어대 쌓더니

등뼈 사이에 붙은 손바닥만 한 살점
사이를 뚫고 뾰쪽이 올라오는
소쩍새 울음
꾹꾹 찍어놓은 것 같은 새순들

민들레꽃

문밖에 한 발짝쯤
노오란 민들레 한 송이 피었다

대문도 없는데 폴딱 뛰어
마당으로 들어와 꽃 피우지 그랬어

집 나갔던 형이 돌아와
새벽까지
한 송이 꽃처럼 서 있는 자리

속 깊은 네 마음 다 알지
집 밖에 나가면 꽃길만 걸으라는

시는 어떻게 써요

시를 어떻게 써야 할지 막막해
선생님께서 나눠준 복사 용지
눈 크기만 하게 구멍 두 개 뽕 뚫어

시 쓰는 친구들 바라보며 딴전 피우다
종 울리기 전 제출하라기에
쓰지 않을 수 없어 교단 앞으로 나가

선생님, 시는 어떻게 써요?

응, 구멍 뚫은 복사 용지 눈에 대고
원망의 눈으로 나를 바라보는 모습
그대로 옮겨 적으면 되겠는걸

엄마

아빠, 지금 나이가 몇 살이가디
아직도 엄마 보고 싶다고
이불 뒤집어쓰고 우세요?

엄마는 영원한 엄마여서
엄마 품 그리워 아빤 못 견디겠어

엄마 살고 간 나이 넘어서니
한없이 깊었던 사랑
끝없이 넘쳐흘러
눈물만 나오는구나

오늘 밤 꿈속에서 만나면
이불 뒤집어쓰고 울다가
딸내미한테 들켜 혼났다고
이실직고해야겠다

이별

아내가 흙으로 돌아가는 날
눈이 퉁퉁 부은 아재가
고무신 위로 올라온 황토
탈탈 털어내며

고추 판 돈 오십만 원
침 묻혀 세더니

땅에서 돈 벌라고
무던히 애썼네

돈 애끼 썼응게
천국에 가서 잘 쓰소

구름 붙들고 있던 앞산
슬며시 놓아주며

고슬고슬 풀어진 황토
제자리 찾아가고 있다

애타는 사랑

월 수 금요일 아침 여덟 시마다
삼십 분씩 주어지는 면회 시간

보름째 신경계 중환자실에 들려오는
십 대 초반의 아들딸 울음소리

엄마, 눈 좀 떠봐
우린 엄마 없인 못 살아
엄마, 눈 한 번만 떠줘

아들딸 뱃속에서 막 세상에 나와
눈 뜨지 못해 걱정하며
눈 떠라 엉덩이 두드리던 어머니 손

인공호흡기 잡아 뺄까 봐
두 손이 병상 침대에 묶여
아이고 이쁜 내 새끼들
앙상한 손가락만
애타게 허공을 쓰다듬는다

병실에서

그대는 가만히 있고자 하나
저리 손발이 덜덜 떨리며
고통의 신음 울려대는데
나는 아무것도 해줄 수 없네

옆에 앉아 숨을 크게 쉬어주며
모니터의 숫자 바라보며 숨줄 확인하는
보조 의자에 그저 앉아 있을 수밖에

창밖에는 함박눈이 종일 퍼붓고
바람까지 불어대니 눈발은 유리창에 부딪혀
산산이 아우성쳐대고
아내는 반듯이 누워
천장만 바라보는 3705호 병실

저녁이 되자 그친 눈발이 다시 퍼붓기 시작하고
병실보다 낮은 건물 옥상 난간에
고봉밥처럼 하얗게 쌓여만 가는 눈들이

미끄러지며 허공에 날려 흩어져가고

삐삐삐 울리는 산소포화도 경고음 소리에
화들짝 놀라 달려온 간호사님
모니터에 달린 호스 줄 확인하며
연결된 잭을 뽑았다 다시 꽂고
간호사실로 뚜벅뚜벅 돌아가는 밤

희뿌옇게 세상 덮으며 퍼붓던 눈발이 그치자
아이고메, 나 죽겠네
커튼을 뚫고 들려오는 할아버지 앓는 소리
보조 침대에 잠자던 간병인 눈 비비며 일어나
흡입기 켜서 가래를 뽑아대는 섣달그믐날 밤
성에 낀 유리창에 간절한 삶처럼
겨울밤이 달라붙어 있다

흙 칠판

조상님 대를 이어

밥이야
가난이야

호미로 글 쓰고
괭이로 글 파고
삽으로 허기 메우며

흙 칠판에 땅 공부하며 사는
나는 이 땅의 농군이다

햇살 꽃

뒷산 산그늘 업고
앞산 산그늘 안고
홍시 어루만지며 노니는 햇살 꽃

갈대숲 헤집고 노닐다
쑥부쟁이 흔들어대다
불쑥 돌담 넘어온 갈바람

햇살 꽃 달려와
아래채 기둥 벽에 매달린
빨간 우체통 속에 갇힌
갈바람 한 줌 움켜쥐고

만지작만지작
손바닥 편지 읽고 있다

바람아 멈춰라

앞산 경사진 밭 아래
나란히 자란 쌍둥이 밤나무

두 나무에서 뻗은 가지
여긴 내 공간이야 싸우며
바람만 불면 삐거덕삐거덕
바람 잘 날 없어 생채기투성이다

이빨 득득 갈고 자는 아들
두 가지 잘라
가마솥에 푹 삶아
물 한 그릇 마시면 그만이라고
그런 특효약 세상에 없다고
날만 새면 아버지 톱 들었다 놨다

밤꽃 피는 유월이면
껍질 벗겨진 가지 끝마다 주렁주렁
강물에 몸 담그며 꽃 손 흔드는데

그놈의 바람은 어디서 불어오는지
세계지도를 펴놓고 봐도 도통 모르겠다

북서풍인지 북동풍인지
남동풍인지 남서풍인지
분다고 다 바람 아닌 바람아

백두산 넘어오는지
백령도 건너오는지
독도 거쳐 오는지
제주도 들려오는지

제발 넘어오지도
건너오지도 말고
거기 멈추어 섰거라

끈

취직 공부하고 있는 독서실에
허름한 잠바 걸친 아부지 찾아와

아나, 여기 집 판 돈 오십만 원이다
니가 알아서 써라
너그 어메도 죽어부러
이제 돈 나올 구석은 없고
너에게 해줄 수 있는 마지막 돈이다

결혼해 딴살림 차리려
새벽이면 집터 다듬고
기둥감 골라 생소나무 베어
강을 건너오던 아부지

지게 멜빵이
뚝 끊어지는 날이었다

들깨 이식

들깨 모종을 뽑아다 텃밭에 심습니다
꼿꼿이 세워 심지 않고 눕혀서 심습니다
휘어져 꺾인 부분에서 뿌리가 나와
비바람에 쓰러지지 않고 버티며 살 수 있으니
튼실하게 일어서라 그리 심습니다

아무리 몸부림쳐도 일어설 수 없는
더 이상 내려갈 곳 없는 땅바닥에
내동댕이친 삶이 되었을 때

탈탈 털고 일어서는 법
들깨 모종을 이식하면서 배웁니다

| 작품 해설 |

'너'였으나 '나'인 세계

문신

1. 그리움을 시추하다

하루가 저물어갈 때면 세상 곳곳에 작은 등불이 내걸리듯, 치열했던 삶이 변곡점에 이르면 우리 마음에도 스스로 감당할 만한 등불 하나가 소리 없이 켜지곤 한다. 등불은 캄캄했던 마음 구석을 밝히기 위해 안간힘을 쓰는 듯 아슬아슬하게 타오르는데, 그런 날이면 혹여 불씨가 잦아들까 싶어 우리의 숨결도 조마조마해진다. 그렇게 등불처럼 흔들리면서 다가오는 어떤 것들, 그것을 우리는 그리움이라고 불러왔다. 밤하늘을 외롭지 않게 밝혀주는 별들처럼 그리움의 등불은 우리의 삶이 쓸쓸하지 않게 해준다. 그래서 가끔 우리는 마음에 켜진 등불을 응시하며 고요하게 숨 쉬는 순간과 마주한다. 그럴 때 우리의 주저하는 숨결은 자기를 향해 한 편의 시를 쓰게 되고, 그 순간 세상은 그리움 쪽으로 한껏 부풀었다가 고요해진다.

　이렇듯 시인이 시를 쓰는 일은 자기 안에 그리움의 등불 하나를 밝히는 일이다. 현실에서의 삶이 한낮을 지나 저물어 가게 되면 시인들은 내면에 그리움의 등불을 내건다. 등불은 시인이 살아온 이전의 모든 삶을 에너지 삼아 타오르는데, 이 뜨겁고 벅차오르는 순간이 오면 마침내 시인의 영혼이 세상을 향해 열린다. 그 열린 틈으로 첫눈처럼 한 송이 한 송이 떨어져 내리는 언어를 시라고 부를 수 있다면, 김도수 시인의 시는 그리움으로 점철된 영혼이 자기 내면을 남김없이 보여주는 고백이라고 할 수 있을 것이다. 이쯤에서 우리는 시가 고백의 형식으로 표현되는, 도달하지 못할 자기실현이라는 사실을 떠올릴 수도 있다. 오랫동안 우리의 시는 어떤 염원에 관해 이야기해왔다. 염원이란, 알다시피 불가능하다는 사실을 알면서도 그 불가능 앞에 자기의 전부를 내놓는 일이다. 자기 전부를 걸고도 끝내 도달하지 못할 어떤 세계, 끝내 실현되지 못할 이야기, 그게 시라는 건 의심할 여지가 없다.

　김도수 시인에게 그리움의 대상이자 도달하지 못할 세계는 단연코 '진뫼'다. 진뫼는 그가 나고 자란 곳이자 떠난 곳이며 오랜 시간을 견뎌내고 다시 돌아온 곳이다. 그런데 과연 그는 진실로 진뫼에서 '나고' '자라' 진뫼를 '떠나고' 다시 진뫼로 '돌아온' 것일까? 그의 연대기적 행적(行蹟)은 그 같은 물음이 무의미하다고 항변한다. 그의 세속적인 이력서는 그가 진뫼에서 나고 자라 떠나고 돌아온 사실을 부정하지 않는다. 그럼에도 다시 묻고 싶은 이유는 그를 살아가게 한 근원이자 그의 영혼이 때때로 깃들고자 했던 그의 심적(心跡), 즉 마음의 자취를 살펴보고 싶어서다. 김도수 시인은 시집 『진뫼로 간다』, 산문집 『섬진강 푸른 물에 징·검·다·리』, 『섬진강 진뫼 밭에 사랑비』 등을 통해 진뫼에 대한 그리움을 직정적으로 토로해왔다. 그럼에도 여전히 마음에서 진뫼를 조금도 덜어내지 못한 이유는 무엇일까. 어쩌면 그는 한 번도 진뫼를 떠난 적이 없었던 게 아닐까.

    아지랑이 손에 잡히는 봄
    떠나간 그대 그리워

    강가에 나가
    통 통 통
    물수제비 띄워 보낸다

    새벽까지

    명치끝에

    잔물결만

출렁출렁
—「물수제비」 전문

 이 시에서 김도수 시인은 우리 인간이 시간과 공간으로 구성된 세계 속에서 만들 수 있는 가장 깊은 울림을 만들어냈다. "봄"(시간)의 "강가"(공간)에서 "명치끝에"(인간) "통 통 통" 튀며 출렁거리는 "잔물결"(울림)은 "손에 잡"힐 듯한 그리움을 감각적으로 실현한 것이다. 대수롭지 않을 것처럼 보이는 이 시에 주목한 이유는 분명하다. 이 시는 김도수 시인의 시적 방법론을 축약하고 있으면서도 그의 일생을 압축한 마음의 행적을 선명한 감각으로 드러내고 있어서다. 먼저 시적 방법론으로서 이 시는 '삶'이라는 인간 존재의 현장을 시적으로 보존해야 하는 당위를 실현하고 있다. 알다시피 시를 포함한 모든 예술 활동은 인간 삶의 미적 실현을 유일한 목표로 삼는다. 시대에 따라 그 목표는 인간의 '삶'과 '미적 실현' 사이에서 치우침의 정도를 드러내지만, 어떤 상황에서도 우리의 '삶'이 포기되어서는 안 된다는 게 역사적으로 승인된 사실이다. 물론 그 '삶'을 포기하지 않게 하는 게 '미적 실현'이라는 점도 변함없는 진리다.

 시인은 이렇게 '삶'과 '미적 실현' 사이에서 시소를 타듯 시를 쓴다. 김도수 시인의 경우에는 대체로 삶의 지평 쪽에 마음을 두었다. 그건 그리움의 방식보다는 그 대상을 시의 제재로 삼고 있다는 데서 확인된다. 「물수제비」에서도 그런 점을 읽어낼 수 있지만, 이번 시집에 수록된 다수의 시에서 그는 "우리네 삶이 얼마나 순간 빛나며/소리 없이 후다닥 지나가는지"(「논두렁길에서」)를 짚어낸다. "비탈진 곳에 밭을 일구고/반반한 곳에 논을 만들어/새끼들과 오손도손/사람들과 어우렁더우렁/시끌벅적 살았던"(「강마을」) 순간들이 그의 '명치끝에' '통 통 통' '잔물결'로 '출렁'이는 것이다. 이렇게 김도수 시인은 삶이라는 대지에 시추공을 뚫어 자기 내면의 가장 깊은 곳으로 내려간다. 그리하여 더는 파고들 수 없는 지경에 도달하는데, 그곳이 진뫼다. 진뫼를 시추하여 시를 쓰는 김도수 시인의 방법은 그의 시가 미를 실현하는 방식이기도 하다. 가령 다음 시에서 시추의 방식이 어떻게 미적 실현이 되는지를 확인할 수 있다.

> 시를 어떻게 써야 할지 막막해
> 선생님께서 나눠준 복사 용지
> 눈 크기만 하게 구멍 두 개 뽕 뚫어
>
> 시 쓰는 친구들 바라보며 딴전 피우다
> 종 울리기 전 제출하라기에
> 쓰지 않을 수 없어 교단 앞으로 나가
>
> 선생님, 시는 어떻게 써요?

응, 구멍 뚫은 복사 용지 눈에 대고
원망의 눈으로 나를 바라보는 모습
그대로 옮겨 적으면 되겠는걸

—「시는 어떻게 써요」 전문

 이 시는 "시를 어떻게 써야" 하는지를 먼저 묻는다. '어떻게'라는 방법적 탐색은 곧바로 "눈 크기만 하게 구멍 두 개 뻥 뚫"게 하는데, 미리 말하자면 이 시에서 "구멍 뚫은 복사 용지 눈에 대고" 바라볼 수 있는 세계는 다른 곳에 아니라 진뫼다. 김도수 시인의 시는 그 구멍으로 바라본 진뫼를 "그대로 옮겨 적"은 것에 지나지 않는다. 그런데……, 그렇게 말하는 건 충분하지 못한 것 같다. 단순히 옮겨 적는 것만으로는 미적 실현에 도달할 수 없다. 옮겨 적되, 거기에는 "원망의 눈으로 나를 바라보는 모습/그대로 옮겨 적으면" 된다는 선생님의 가르침이 있다. 그리하여 김도수 시인의 눈은 "남에게 팔려버린 고향 집/주인 몰래 찾아와 썩어가는 밑기둥 붙들고/함께 엉엉 울어대는 날"(「기둥」)을 응시한다. 그럴 때 '팔려버린 고향 집'을 향한 그의 시선에는 마땅히 원망이 어려 있다. 물론 그 원망은 특정 대상을 향한 게 아니다. 그의 원망은 자기의 삶을 부당하게 몰아붙여야만 했던 시절을 겨냥한다. 이후 그는 원망의 시선을 거두어들이는데, 그렇게 회수된 시선의 끝에 함께 끌려 나오는 것이 그리움이다.

2. 부딪치고 깨지며 걸었던 진뫼 오리길

소설가 버지니아 울프는 『자기만의 방』 3장을 시작하면서 "저녁이 되어도 어떤 중요한 진술이나 신빙성 있는 사실을 가지고 돌아오지 못했다는 것은 실망스러운 일"[1]이라고 말했다. 19세기 초, 여성으로서 소설 쓰기의 어려움을 배경에 둔 발언이지만, 그러한 문맥을 떠나 그의 말은 거듭 새겨볼 필요가 있다. 그중에서도 '저녁'이라는 시간과 '돌아오'는 행위, 그리고 결정적으로 '중요한' 어떤 '사실'을 확보하지 못한 상태에서 마주하는 '실망스러운' 자기 이미지는 시적 발견의 순간과 닮았다. 두 번 말할 필요 없이 시는 충족될 수 없는 결핍에 뿌리를 내린 예술이다. 결핍의 정체는 모호하고 불분명하며, 부득이한 경우 결핍의 주체에게 현기증을 불러일으키기도 한다. 그 모든 일들이 시인의 내면에서 일어난다. 시인은 모호하고 불분명하며 현기증 나는 사태 속에서 그 결핍의 정체를 하나씩 밝혀가기 위해 시를 쓰는데, 시가 완성되었을 때 비로소 시인은 자기 결핍의 근원이 무엇인지를 알 수 있다.

김도수 시인의 경우에도 시 쓰기는 자기 발견의 과정이면서 자기 삶의 본질에 다가가기 위한 창조적인 행위이다. 특

---

[1] 버지니아 울프, 『자기만의 방』, 이미애 역, 민음사, 2016, 68쪽.

히 고향 진뫼에서 보냈던 유소년기의 결핍 경험은 시적 자양분이 되기에 모자람이 없다. 이번 시집에는 유독 "진뫼 오리길"이라는 시행이 자주 보이는데, "밤마다 꿈속에서 걸었던//진뫼 오리길"(「밤마다 꿈속에서」)은 "엎어져 무릎에 피가 나도//손 탈탈 털고 일어나//바지 내려가는 줄 모르고//신나게 달리던"(「하굣길」) 길이자, "따스한 가슴 파고들고 싶어/발길 돌려 내달리고 싶은"(「숨소리」) 길이다. 그럴 때 '진뫼 오리길'은 김도수 시인이 살아온 삶과 정확하게 일치한다.

> 육성회비 못 내고
> 학교에서 쫓겨와
> 다시 빈손으로 가는 길
>
> 등짝에 지게 하나 맞춰줘불먼
> 어메도 핀헐 턴디, 라며
> 어린 맘에도 어메가 짠히서
> 눈물 콧물 다 쏟으며
> 서러움에 복받쳐 울다 다리 풀려
> 그 자리에 주저앉아 펑펑 울고 가던 길
>
> 질컥거린 황토 신발에 달라붙어
> 가지 말라 붙들어도 탈탈 털어내며
> 옭아맨 세상 속으로 뚜벅뚜벅 걸어 나와
> 부딪치고 깨지다 다시 빈손으로 돌아가는 길

황토 털어낸 자리 서성이며
꾹꾹 밟아보는
꿈속에서 수만 번도 더 걸었던
내 모습 사라지는 그날까지
평생 사랑하며 걸을
진뫼 오리길

―「빈손」 전문

  인생의 기나긴 여정에서 문득 돌아보았을 때, "육성회비 못 내고/학교에서 쫓겨"나 집으로 돌아가야 했던 어느 날이 보인다면, 그는 분명 자기 삶을 책임감 있게 살아가는 사람이다. 책임감 있는 삶이란 그런 것이다. "빈손"의 경험으로도 충분히 살아갈 힘을 얻는 것. 그 힘은 "서러움에 복받쳐 울다 다리 풀려/그 자리에 주저앉아 펑펑 울"다가도 "옭아맨 세상 속으로 뚜벅뚜벅 걸어"가게 만든다. 김도수 시인에게 '진뫼 오리길'은 책임감 있는 삶의 출발점이다. "주말이면 떨어진 쌀과 반찬 가지러 와/다시 읍내로 나가야 하는 새끼들//…(중략)…//발걸음 떨어지지 않아/손 흔들고 돌아서며 눈물짓던//어머니 발걸음 멈춘 자리"(「몰무동 길」)를 돌아보는 사람보다 자기 삶을 사랑하는 이가 또 있을까? 그런 의미에서 "내 모습 사라지는 그날까지/평생 사랑하며 걸을/진뫼 오리길"은 김도수 시인의 삶 그 자체다. 그가 사랑하는 '진뫼 오리길'의 삶에는 밤중에 찾아와 "계시오, 나 정호네 어메여"(「복숭아 두 개」)

하고 복숭아를 내미는 사람이 있고, "집 나갔던 형이 돌아와/새벽까지/한 송이 꽃처럼 서 있"(「민들레꽃」)기도 했으며, "초등학교 졸업하던 해/서울로 이사 간 향자 조카"(「찔레꽃」)와 "서울로 돈 벌러 간/열다섯 오숙이가/새벽 열차 타고 내려와" "엄마아, 엄마아"(「추석날」) 불러대는 서러운 목소리가 있다. 삶은 때때로 이들을 기억하게 만드는데, 기억하기를 통해 김도수 시인은 모든 기억을 아프게 기억하는 자신과 만난다.

> 어머니 등에 업혀
>
> 등짝에 귀 대고 있으면
>
> 산사의 범종 소리
>
> 산골짜기 타고 내려와
>
> 살금살금 강 건너와
>
> 피안의 둥지 속
>
> 곤히 잠들게 해주던
>
> 내 유년의 등 베개
>
> ―「등 베개」 전문

이 시는 우리에게 기억이 어떻게 존재하는지를 보여준다. 기억은 이 세상에 없는 삶의 형태이다. 없다는 건 감각적으로 증명되지 않는다는 의미다. 그럼에도 우리가 기억의 존재 의의에 관심을 두는 건 기억하는 행위가 우리의 감각을 일깨운다고 믿기 때문이다. 우리는 경험적으로 기억하기를 통해 감각적인 충격에 휩싸인 적이 있다. 과거 경험을 현재로 소환함으로써 그때의 감각과 감정을 재경험했던 순간들 말이다. 이러한 과정은 과거와 현재라는 시간의 순차적 연속을 의미 없이 만들어버린다. 기억하기는 과거를 현재와 겹쳐 놓음으로써 우리를 이중의 시간으로 이끌고, 우리를 이중의 존재로 만든다. 「등 베개」의 화자도 마찬가지다. "유년"의 기억을 통해 "어머니"에 대한 그리움을 드러내는 이 시에서 삶의 방식은 두 겹으로 제시되었다. 일차적으로 이 시에 표현된 것처럼 "피안의 둥지 속" 삶이 있고, 그러한 삶을 기억에서 끄집어내는 '차안'의 삶이 있다. 김도수 시인은 차안의 삶, 즉 이곳에서의 삶이 고달파지면 피안의 세계에서 위로받는다. "바람이 몰고 온 세파에 찌든 때/혀끝으로 말갛게 지져 녹이는/명치끝에 찌릿찌릿 전해져오는/어머니 개안의 사랑줄"(「어머니의 혀」)처럼, 고달픈 삶의 순간마다 "연두 이불 펴고 어머니 찾아가/오늘 밤 내내/녹아버린 젖 찾"(「이장」)게 만드는 존재가 피안의 세계, 즉 '진뫼 오리길'의 세계다. 김도수 시인은 그러한 세계를 기억하기를 통해 풀어놓는다. 그럴 때마다

"마을 어메들 정자에 앉아/도란도란 내 보따리 풀어 헤치고 있"(「보따리」)는데, 그렇게 기억의 보따리에서 건져 올린 그리운 존재들이 이번 시집에 실린 시편들이다.

3. 나와 너의 세계, 손깍지

그러나 김도수 시인은 피안의 세계에만 갇혀 있지 않다. 피안의 세계가 현재의 삶이 무너지지 않게 뒷받침하는 근거가 되지만, 피안의 세계를 구축하는 이야기는 애초에 이곳에서의 서사였다. 지금-이곳에서의 삶이 갈피를 넘겨 삶의 뒷면이 된 것, 그것이 피안의 세계다. 그러므로 현재의 삶이 존재하지 않으면 피안의 세계는 기억으로 소환될 수 없다. 김도수 시인이 '진뫼 오리길'의 세계를 자주 기억해내고, 그곳 서사를 현재에서 풀어내는 건 지금-이곳에서의 삶에 충실하기 위해서다.

> 그대는 가만히 있고자 하나
> 저리 손발이 덜덜 떨리며
> 고통의 신음 울려대는데
> 나는 아무것도 해줄 수 없네
>
> 옆에 앉아 숨을 크게 쉬어주며

모니터의 숫자 바라보며 숨줄 확인하는
보조 의자에 그저 앉아 있을 수밖에

창밖에는 함박눈이 종일 퍼붓고
바람까지 불어대니 눈발은 유리창에 부딪혀
산산이 아우성쳐대고
아내는 반듯이 누워
천장만 바라보는 3705호 병실

저녁이 되자 그친 눈발이 다시 퍼붓기 시작하고
병실보다 낮은 건물 옥상 난간에
고봉밥처럼 하얗게 쌓여만 가는 눈들이
미끄러지며 허공에 날려 흩어져가고

삐삐삐 울리는 산소포화도 경고음 소리에
화들짝 놀라 달려온 간호사님
모니터에 달린 호스 줄 확인하며
연결된 잭을 뽑았다 다시 꽂고
간호사실로 뚜벅뚜벅 돌아가는 밤

희뿌옇게 세상 덮으며 퍼붓던 눈발이 그치자
아이고메, 나 죽겠네
커튼을 뚫고 들려오는 할아버지 앓는 소리
보조 침대에 잠자던 간병인 눈 비비며 일어나
흡입기 켜서 가래를 뽑아대는 섣달그믐날 밤
성에 낀 유리창에 간절한 삶처럼

겨울밤이 달라붙어 있다
—「병실에서」 전문

피안의 세계는 기억 속 세계이지만, 한편으로 기억될 세계이기도 하다. 기억될 세계는 도래하지 않은, 그러나 도래할 수밖에 없는 세계다. 시시각각 도래하는 세계는 어떤 식으로든 지금—이곳의 세계에 자기 존재를 암시하게 되는데, "삐삐삐 울리는 산소포화도 경고음"처럼 불안의 형식으로 개입하는 경우가 많다. 「병실에서」의 경우 "고통의 신음" "모니터의 숫자" "눈발은 유리창에 부딪혀/산산이 아우성쳐대고" 같은 표현을 통해 도래할 세계의 위험을 알린다. 상상해보라. "희뿌옇게 세상 덮으며 퍼붓던 눈발"을 바라보는 병실 사람들의 표정을. 그것도 "섣달그믐날 밤"이 아닌가! 이 모든 조건은 새해를 앞두고 희망을 노래하기에는 어딘가 불편한 상황이다. '섣달그믐'이 보여주는 세계는 막다른 곳으로 와버렸다는 절망과 그 절망 어딘가에 희미하게 새어 나오는 새해의 빛이 있을 거라는 희망일 것이다. 그러므로 '섣달그믐날 밤'을 견디는 사람들 시선에 "성에 낀 유리창에 간절한 삶처럼" 달라붙어 있는 "겨울밤"은 어둠으로 가득한 세계이면서 그 어둠이 걷힐 거라는 믿음의 세계가 된다. "반듯이 누워/천장만 바라보는 3705호 병실"의 "아내"와 "아이고메, 나 죽겠네/커튼을 뚫고 들려오는 할아버지 앓는 소리"가 대비하는 게 바로 그것이다. 한 사람은 '간절한 삶'을 묵묵히 견뎌내는 중이고, 다른 한 사람은 그러한 삶에 맞서 싸우고자 한다. 두 사람 모두 자기 삶을 끝까지 책임지는 모습이다. 그 사이에서 "나는 아무것도 해줄 수 없"는 "보조 침대" 같은 존재에 불과하다. 사는 일이 가끔 서러워지는 경우가 바로 그런 경우다. 자기 외에는 누구도 자기 삶을 책임질 수 없다는 것. "엄마, 눈 좀 떠봐/우린 엄마 없인 못 살아"(「애타는 사랑」)라고 울음을 삼켜도 엄마의 삶을 대신 살아줄 수는 없다. 그건 "그대가 업고 강을 건너온 슬픔이/세상 길 끝으로 걸어갈 때//심장 짓누른 이별의 슬픔을/처진 어깨에 둘러메고/나도 깐닥깐닥 뒤따라가"(「강을 건너온 슬픔」)는 일처럼 당연하다. 그대는 그대의 슬픔을, 나는 나의 슬픔을 감당할 수밖에 없는 것이다.

그럼에도 김도수 시인의 시에는 그대의 슬픔을 오롯이 자기 슬픔으로 끌어안으려는 화자가 있다. "멀어지면 한참 뒤 돌아보는//천장까지 따라온 얼굴/금세 또 보고 싶어/이름 되뇌어보는/나도 그대가 되고 싶다"(「그대가 되고 싶다」)라고 말하는 화자는 "아직도 엄마 보고 싶다고/이불 뒤집어쓰고 우"(「엄마」)는 사람이다. 그런 사람에게 어느 날 아내가 말한다.

    눈 뜰까 말까
    몽롱한 새벽녘

손가락 사이로 들어오는
아내의 다섯 손가락

가슴께로 가만히 끌어당겨
슬며시 올려놓더니
나, 버리지 마아

세상 서툴게 사는 내게
뜬금없이 버리지 말라니

손깍지 낀 새벽
별은 차갑게 식어가는데
이마가 뜨겁다

—「손깍지」 전문

"나, 버리지 마"라는 아내의 말에 화자의 반응은 이렇다. "뜬금없이 버리지 말라니". 당연할 수밖에 없는 반응임에도 가슴에 뭔가 무거운 것이 내려앉은 느낌을 지울 수 없다. 어떻게 아내를 버릴 수 있단 말인가! 모든 걸 버려도 세상에는 버릴 수 없는 게 있다. 그건 '나'에게 '너'가 되어주는 존재다. 사람이든 사물이든 기억이든, '너'는 언제나 '나'에게 울림을 준 존재이자, '나'를 성장하게 만든 존재이며, '나'가 살아갈 힘을 얻게 해주는 존재다. 그렇게 본다면 김도수 시인에게 '너'는 '진뫼'였다가 '어머니'였다가 '아내'가 된다. "세상 서툴게 사는 내" "손가락 사이로 들어오는/아내의 다섯 손가락"은 언제나 '나'의 맞은편에서 '나'와 짝이 되어주었던 '너'의 모습이다. '나'와 '너'는 "손깍지"를 통해 하나가 되는데, 그 순간에 "이마"는 삶을 향한 강렬한 의지처럼 "뜨겁"게 타오른다.

　어떤 식으로든 우리는 '나'로 존재하고, 우리 앞에 마주한 것들은 예외 없이 '너'가 되는 세계에 살고 있다. 그렇다는 것은 '너'로 인해 '나'의 존재 의미가 발생한다는 뜻이며, '나'에게는 항상 '너'의 숨결이 스며 있다는 의미이다. 그렇게 '나'와 '너'는 서로를 향해 스며들다가 '손깍지'를 통해 한 몸을 이룬다. 김도수 시인의 시는 이렇게 '너'로 존재하는 것들을 향한 '나'의 진심들을 담고 있다. '나' 아닌 존재와 세계를 향한 애정이 '나'를 넘어설 때 비로소 '너'에게 닿을 수 있다는 점을 생각하면, 김도수 시인의 삶은 줄곧 자기를 넘어선 곳, 즉 '너'의 세계가 시작되는 곳에 있다는 걸 알게 된다. 그곳에서 김도수 시인은 '너'의 삶을 마주한 채 '나'를 바로 세운다. '너'로 인해 '나'가 살아갈 수 있다는 비밀을 그는 아무렇지도 않게 풀어놓는 것이다.

　그렇다. 시인은 최선을 다해 자기 비밀을 고백하는 존재다. 그러나 김도수 시인의 고백에는 특별한 울림을 주는 서사가 있다.

마을이 형성되며 심었다는
사백 년 넘은 뒷산 느티나무

시커멓게 썩은 갈비뼈 사이로
소쩍새 한 마리 들어앉아
마을 떠나간 사람들 그리워하며
밤새 울어대 쌓더니

등뼈 사이에 붙은 손바닥만 한 살점
사이를 뚫고 뾰쪽이 올라오는
소쩍새 울음
꾹꾹 찍어놓은 것 같은 새순들

—「고목」 전문

김도수 시인의 고백에는 "마을이 형성되며 심었다는/사백 년 넘은 뒷산 느티나무" 속에 들어앉은 한 마리 "소쩍새"가 "마을 떠나간 사람들 그리워하며/밤새 울어대"는 이야기가 담겨 있다. 그 "소쩍새 울음/꾹꾹 찍어놓은 것 같은 새순들"이 김도수 시인의 시라고 하면 과장일까. 그렇지 않다. 그리움은 "등뼈 사이에 붙은 손바닥만 한 살점/사이를 뚫고" 기어이 자기 존재를 드러내는 법이다. 온몸을 울리면서 세상에 자기를 드러내고 마는 게 그리움이다. 그러므로 그리워하는 것들은 반드시 그리워하는 사람의 기억으로 와서 그의 시가 된다. 그런 점에서 김도수 시인의 시는 그리움의 세계를 호명하는 간절한 울음처럼 읽힌다. 우리들 가장 깊은 곳에 가라앉은 사람들과 시절들을 향한 소리 없는 절규. 그러한 방법론이 무색해진 시대라고는 하지만, 그래도 한 사람쯤은 "아무리 몸부림쳐도 일어설 수 없는/더 이상 내려갈 곳 없는 땅바닥에/내동댕이친 삶"(「들깨 이식」)이 있었다는 걸 기억해야 하지 않겠는가. 김도수 시인의 시집 『진뫼 오리길』을 읽으면서 그의 울음과 그의 기억과 그의 그리움에 흔쾌히 동참할 수 있었다. 그것이 시를 쓰고 시를 읽는 사람들이 한 권의 시집 앞에 갖추어야 할 귀한 태도라고 믿기 때문이다.

文信 | 시인 · 우석대 교수

푸른사상 시선

1. 광장으로 가는 길 | 이은봉·맹문재 엮음
2. 오두막 황제 | 조재훈
3. 첫눈 아침 | 이은봉
4. 어쩌다가 도둑이 되었나요 | 이봉형
5. 귀뚜라미 생포 작전 | 정원도
6. 파랑도에 빠지다 | 심인숙
7. 지붕의 등뼈 | 박승민
8. 살찐 슬픔으로 돌아다니다 | 송유미
9. 나를 두고 왔다 | 신승우
10. 거룩한 그물 | 조항록
11. 어둠의 얼굴 | 김석환
12. 영화처럼 | 최희철
13. 나는 너를 닮고 | 이선형
14. 철새의 일인칭 | 서상규
15. 죽은 물푸레나무에 대한 기억 | 권진희
16. 봄에 덧나다 | 조혜영
17. 무인 등대에서 휘파람 | 심창만
18. 물결무늬 손뼈 화석 | 이종섶
19. 맨드라미 꽃눈 | 김화정
20. 그때 나는 학교에 있었다 | 박영희
21. 달함지 | 이종수
22. 수선집 근처 | 전다형
23. 족보 | 이한걸
24. 부평 4공단 여공 | 정세훈
25. 음표들의 집 | 최기순
26. 나는 지금 운전 중 | 윤석산
27. 카페, 가난한 비 | 박석준
28. 아내의 수사법 | 권혁소
29. 그리움에는 바퀴가 달려 있다 | 김광렬
30. 올랜도 간다 | 한혜영
31. 오래된 숯가마 | 홍성운
32. 엄마, 엄마들 | 성향숙
33. 기룬 어린 양들 | 맹문재
34. 반국 노래자랑 | 정춘근
35. 여우비 간다 | 정진경
36. 목련 미용실 | 이순주
37. 세상을 박음질하다 | 정연홍
38. 나는 지금 외출 중 | 문영규
39. 안녕, 딜레마 | 정운희
40. 미안하다 | 육봉수
41. 엄마의 연애 | 유희주
42. 외포리의 갈매기 | 강 민
43. 기차 아래 사랑법 | 박관서
44. 괜찮아 | 최은묵
45. 우리집에 왜 왔니? | 박미라
46. 달팽이 뿔 | 김준태
47. 세온도를 그리다 | 정선호
48. 너덜겅 편지 | 김 완
49. 찬란한 봄날 | 김유섭
50. 웃기는 짬뽕 | 신미균
51. 일인분이 일인분에게 | 김은정
52. 진뫼로 간다 | 김도수
53. 터무니 있다 | 오승철
54. 바람의 구문론 | 이종섶
55. 나는 나의 어머니가 되어 | 고현혜
56. 천만년이 내린다 | 유승도
57. 우포늪 | 손남숙
58. 봄들에서 | 정일남
59. 사람이나 꽃이나 | 채상근
60. 서리꽃은 왜 유리창에 피는가 | 임 윤
61. 마당 깊은 꽃집 | 이주희
62. 모래 마을에서 | 김광렬
63. 나는 소금쟁이다 | 조계숙
64. 역사를 외다 | 윤기묵
65. 돌의 연가 | 김석환
66. 숲 거울 | 차옥혜
67. 마네킹도 옷을 갈아입는다 | 정대호
68. 별자리 | 박경조
69. 눈물도 때로는 희망 | 조선남
70. 슬픈 레미콘 | 조 원
71. 여기 아닌 곳 | 조항록
72. 고래는 왜 강에서 죽었을까 | 제리안
73. 한생을 톡 토독 | 공혜경
74. 고갯길의 신화 | 김종상
75. 고개 숙인 모든 것 | 박노식
76. 너를 놓치다 | 정일관
77. 눈 뜨는 달력 | 김 선
78. 거꾸로 서서 생각합니다 | 송정섭
79. 시절을 털다 | 김금희
80. 발에 차이는 돌도 경전이다 | 김윤현

81	성규의 집	정진남
82	번함 공원에서 점을 보다	정선호
83	내일은 무지개	김광렬
84	빗방울 화석	원종태
85	동백꽃 편지	김종숙
86	달의 알리바이	김춘남
87	사랑할 게 딱 하나만 있어라	김형미
88	건너가는 시간	김황흠
89	호박꽃 엄마	유순예
90	아버지의 귀	박원희
91	금왕을 찾아가며	전병호
92	그대도 내겐 바람이다	임미리
93	불가능을 검색한다	이인호
94	너를 사랑하는 힘	안효희
95	늦게나마 고마웠습니다	이은래
96	버릴까	홍성운
97	사막의 사랑	강계순
98	베트남, 내가 두고 온 나라	김태수
99	다시 첫사랑을 노래하다	신동원
100	즐거운 광장	백무산·맹문재 엮음
101	피어라 모든 시냥	김자흔
102	염소와 꽃잎	유진택
103	소란이 환하다	유희주
104	생리대 사회학	안준철
105	동태	박상화
106	새벽에 깨어	여국현
107	씨앗의 노래	차옥혜
108	한 잎	권정수
109	촛불을 든 아들에게	김창규
110	얼굴, 잘 모르겠네	이복자
111	너도꽃나무	김미선
112	공중에 갇히다	김덕근
113	새점을 치는 저녁	주영국
114	노을의 시	권서각
115	가로수의 수학 시간	오새미
116	염소가 아니어서 다행이야	성향숙
117	마지막 버스에서	허윤설
118	장생포에서	황주경
119	흰 말채나무의 시간	최기순
120	을의 소심함에 대한 옹호	김민휴
121	격렬한 대화	강태승
122	시인은 무엇으로 사는가	강세환
123	연두는 모른다	조규남
124	시간의 색깔은 자신이 지향하는 빛깔로 간다	박석준
125	뼈의 노래	김기홍
126	가끔은 길이 없어도 가야 할 때가 있다	정대호
127	중심은 비어 있었다	조성웅
128	꽃나무가 중얼거렸다	신준수
129	헬리패드에 서서	김용아
130	유랑하는 달팽이	이기헌
131	수제비 먹으러 가자는 말	이명윤
132	단풍 콩잎 가족	이 철
133	먼 길을 돌아왔네	서숙희
134	새의 식사	김옥숙
135	사북 골목에서	맹문재
136	왜 네가 아니면 전부가 아닌지	정운희
137	멸종위기종	원종태
138	프엉꽃이 데려온 여름	박경자
139	물소의 춤	강현숙
140	목포, 에말이요	최기종
141	식물성 구체시	고 원
142	꼬치 아파	윤임수
143	아득한 집	김정원
144	여기가 막장이다	정연수
145	곡선을 기르다	오새미
146	사랑이 가끔 나를 애인이라고 부른다	서화성
147	더글러스 퍼 널빤지에게	백수인
148	나는 누구의 바깥에 서 있는 걸까	박은주
149	풀이라서 다행이다	한영희
150	가슴을 재다	박설희
151	나무에 기대다	안준철
152	속삭거려도 다 알아	유순예
153	중딩들	이봉환
154	수평은 동무가 참 많다	김정원
155	황금 언덕의 시	김은정
156	고요한 세계	유국환
157	마스카라 지운 초승달	권위상
158	수궁가 한 대목처럼	장우원
159	목련 그늘	조용환
160	그대라면, 무슨 부탁부터 하겠는가	박경조
161	동행	박시교
162	광부의 하늘이 무너졌다	성희직
163	천년에 아흔아홉 번	김려원
164	이별 후에 동네 한 바퀴	이인호
165	무릉별유천지 사람들	이애리
166	오늘의 지층	조숙향

167 오른쪽 주머니에 사탕 있는 남자 찾기 | 김임선
168 소리들 | 정 온
169 울음의 기원 | 강태승
170 눈 맑은 낙타를 만났다 | 함진원
171 도살된 황소를 위한 기도 | 김옥성
172 그날의 빨강 | 신수옥
173 의지와 표상으로서의 세계이니 | 박석준
174 촛불 하나가 등대처럼 | 윤기묵
175 목을 꺾어 슬픔을 죽이다 | 김이하
176 미시령 | 김 림
177 소나무 방정식 | 오새미
178 골목 수집가 | 추필숙
179 지워진 길 | 임 윤
180 달이 파먹다 남은 밤은 캄캄하다 | 조미희
181 꽃도 서성일 시간이 필요하다 | 안준철
182 안산행 열차를 기다린다 | 박봉규
183 읽기 쉬운 마음 | 박병란
184 그림자를 옮기는 시간 | 이미화
185 햇볕 그 햇볕 | 황성용
186 내가 지켜내려 했던 것들이 나를 지키고 | 김용아
187 신을 잃어버렸어요 | 이성혜
188 웃음과 울음 사이 | 윤재훈
189 그 길이 불편하다 | 조혜영
190 귤과 달과 그토록 많은 날들 속에서 | 홍순영
191 버려진 말들 사이를 걷다 | 봉윤숙
192 나는 그를 지우지 못한다 | 정원도
193 시인 안에 북적이는 찌꺼기들 | 최일화
194 세렝게티의 자비 | 전해윤
195 고양이의 저녁 | 박원희
196 고요한 세상의 쓸쓸함은 물밑 한 뼘 어디쯤일까 | 금시아
197 순포라는 당신 | 이애리
198 고요한 노동 | 정세훈
199 별 | 정일관
200 시간의 색깔은 꽃나무처럼 환하다 | 백무산·맹문재 엮음
201 꽃에 쏘였다 | 이혜순
202 우수와 오수 사이 | 이 윤
203 열렬한 심혈관 | 양선주
204 머문 날들이 많았다 | 박현우
205 죄의 바탕과 바닥 | 강태승
206 곰팡이도 꽃이다 | 윤기묵
207 지팡이는 자꾸만 아버지를 껴입어 | 이혜민

진뫼 오리길

김도수 시집